LK 7/78.

OUVERTURE

DE LA

BIBLIOTHEQUE

De Méjanes,

Le seize Novembre dix-huit cent dix,

dans les Salles de l'Hôtel-de-Ville.

A AIX,

De l'Imprimerie de D. F. CHEVALIER.

1810.

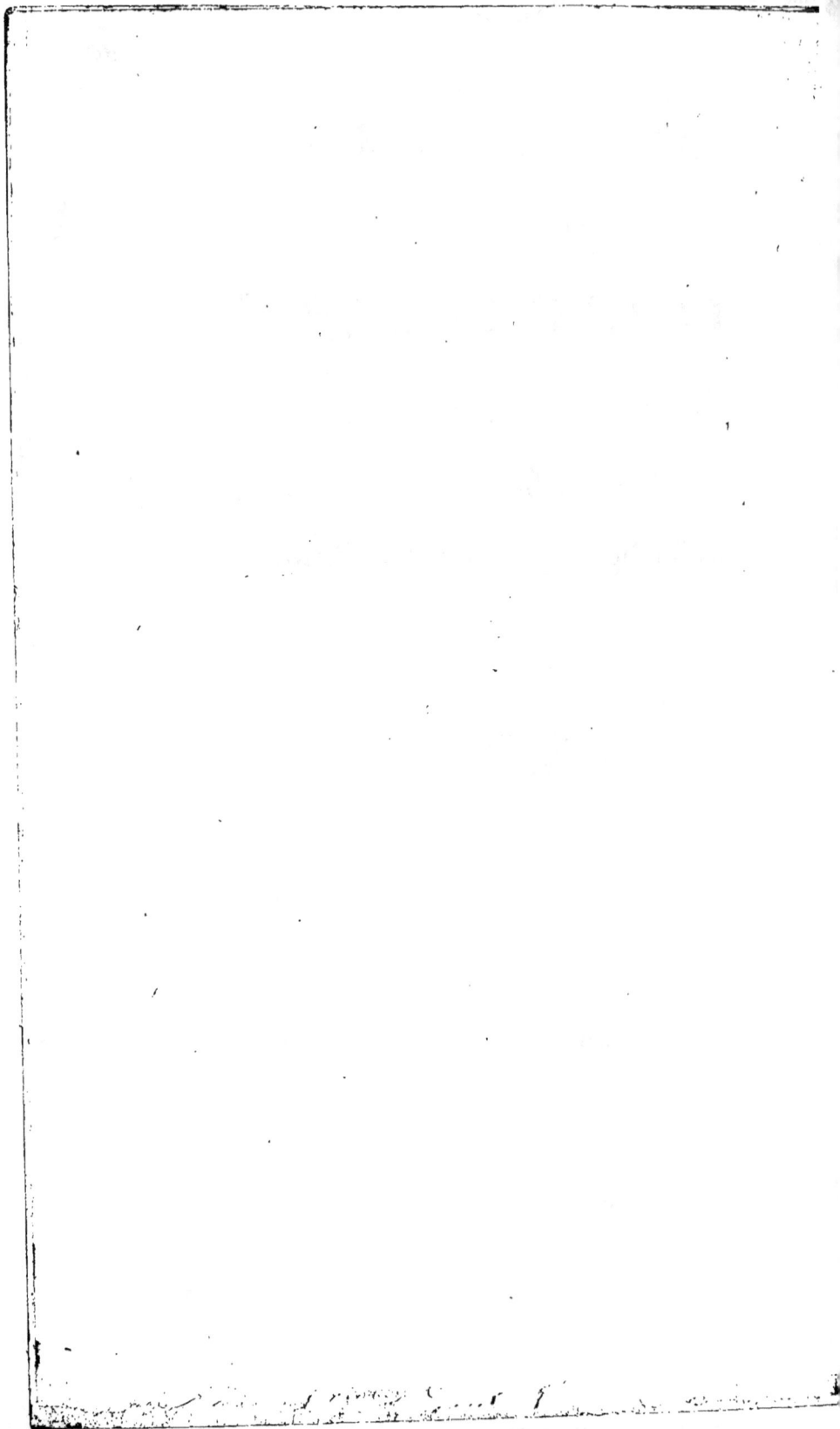

OUVERTURE

DE LA

BIBLIOTHEQUE

DE MÉJANES.

L'AN mil huit cent dix, et le seize du mois de novembre, à onze heures du matin, la Bibliothèque, léguée à la ci-devant Province de Provence par feu M. Jean-Baptiste-Marie PIQUET DE MÉJANES, premier Consul d'Aix, Procureur du Pays de Provence, pour être rendue publique dans la ville d'Aix, suivant les dispositions de son testament du 26 mai 1786, et ses codiciles des 18 et 19 septembre suivans, et mise ensuite à la disposition et sous la surveillance du Corps Municipal d'Aix, en exécution de l'Arrêté général du Gouvernement du 8 pluviose an 11, a été ouverte au public, ainsi qu'il avoit été annoncé par l'Avis de M. le Maire du 9 novembre courant. Un nombre considérable de Citoyens a bientôt rempli les trois grandes salles dans lesquelles la Bibliotheque a été placée.

A midi, M. le Maire, MM. les Adjoints et les

Membres du Corps Municipal , accompagnés du Bibliothécaire M. Gibelin , Docteur - Médecin , Membre de plusieurs Sociétés savantes , et des principaux officiers de la Mairie , sont venus prendre séance. S. Ex. Mgr. le Sénateur , Ministre d'État , Duc d'Otrante , les Chefs des différentes Autorités , et plusieurs autres Fonctionaires , tous invités par M. le Maire , ont honoré de leur présence cette Cérémonie , et ont été placés conformément aux articles 1 et 4 du Décret Impérial du 24 messidor an 12.

La Séance ayant été ouverte , M. de FORTIS , Maire, a dit :

MESSIEURS,

Vous voyez enfin s'étaler à vos yeux ce trésor littéraire que nous devons à la munificence de M. de Méjanes , et qu'un enchaînement d'obstacles imprévus avoit tenu enfoui jusques à ce jour. Celui qui consacra sa vie et sa fortune à former une aussi précieuse collection ; celui qui , en rassemblant un aussi grand nombre de volumes , sut donner , par la nature de son choix , une idée aussi avantageuse de la délicatesse de son goût et de l'étendue de ses connoissances , pouvoit connoître mieux que personne ceux qui étoient les plus capables de mettre à profit les immenses richesses littéraires qu'il avoit rassemblées. Ainsi , en préférant la ville d'Aix pour y rendre publique cette superbe Bibliotheque , M. de Méjanes rendit à ses habitans le plus honorable témoignage.

Jeter quelques fleurs sur la tombe 'de celui à qui nous sommes redevables d'une opinion si flatteuse , et d'un aussi riche présent , est un devoir pour notre reconnaissance. Mais l'éloge de l'homme simple et modeste , du citoyen laborieux et utile , est un ouvrage plus agréable qu'éclatant. Toutes les vertus , tous les genres de mérite également utiles , également nécessaires pour former cet ensemble dont se compose le bonheur général de la société , n'offrent pas des couleurs également brillantes à l'Orateur qui veut essayer d'en faire le tableau. La vie de M. de Méjanes , quoiqu'elle présente une suite continuelle de recherches littéraires , et un exercice non interrompu de vertus , ne laisse à celui qui veut faire son éloge , d'autre moyen que de tracer en peu de mots l'histoire de quelques-uns de ses jours , qui fut celle de toute sa vie.

Né d'une famille distinguée , et joignant à cet avantage tous ceux que lui assuroit une fortune considérable , M. de Méjanes donna de bonne heure des preuves de ce goût passionné pour les livres , qu'il conserva jusques à ses derniers momens. A cet âge où le travail est une peine et la dissipation seule un plaisir ; à cet âge où la vue d'un livre ne rappelle ordinairement aux enfans , que la pénible nécessité de quitter leurs jeux pour retourner à l'étude , il ne connoissoit d'autre plaisir que celui d'avoir des livres, d'autre récréation que celle de les parcourir, et il sacrifioit , pour s'en procurer , tous ces dons de la tendresse paternelle , que l'enfance ne sait employer qu'à des usages frivoles et quelquefois dangereux.

Parvenu à l'époque de sa vie, où maître de ses actions et de sa fortune ; il pouvoit se livrer tout entier au goût précieux qu'il avoit apporté en naissant ; mais à cette époque aussi , où le développement des passions et leur fougue impétueuse , étouffent si facilement les espérances quelquefois prématurées que l'enfance avoit fait concevoir , M. de Méjanes n'eut qu'une passion , celle de rechercher et d'acquérir les livres les plus utiles et les plus précieux. Profondément versé dans la science bibliographique , et doué d'un goût exquis , que l'étude et l'expérience rendoient tous les jours plus sûr et plus éclairé , il ne se bornoit pas à entasser volumes sur volumes, mais il s'occupoit de leur choix. Toutes les Bibliotheques , tous les Cabinets , devinrent ses tributaires , et rien ne l'arrêta jamais , quand il s'agit d'augmenter ou d'embellir la précieuse collection de livres , que sa plus chere occupation étoit de former, et sa plus douce jouissance , de destiner à l'usage libéral qu'il en a fait , qui rendra sa mémoire chere à nos neveux , et recommandable aux gens de lettres et aux savans de tous les pays.

Sans doute que celui dont la vie entière fut occupée à mériter l'estime de la postérité et la reconnoissance de ses concitoyens, ne peut être accusé d'avoir vécu inutile à sa patrie. M. de Méjanes cependant, ne se crut pas dispensé de lui payer sa dette. Plusieurs fois député à Paris par la ville d'Arles dont il étoit Citoyen, il abandonna ses affaires pour s'occuper de celles de son pays. Mais aussi modeste que noble et généreux, il n'accepta les indemnités qui lui étoient dûes, que pour en ordonner la restitution par l'acte de sa derniere volonté, et quand sa modestie ne pourroit plus être embarrassée par les témoignages d'admiration qu'un pareil désintéressement devoit lui mériter.

La ville d'Aix comptoit alors parmi ses nombreux privileges, celui de donner des Administrateurs à la Province, en élisant ses Administrateurs particuliers. Le Conseil Municipal, par la sagesse de ses choix, sut toujours justifier la confiance dont l'avoient honoré nos Souverains, en lui accordant une aussi belle prérogative. Le premier Procureur du pays pouvoit être choisi parmi les hommes les plus qualifiés de toute la Province. Ceux à qui ne put échapper le mérite des Portalis et des Siméon, alors la gloire et l'ornement d'un Barreau distingué, n'avoient pas négligé celui de M. de Méjanes, et l'assentiment général avoit justifié leur choix.

Rien ne convenoit moins à ses goûts et à la simplicité de ses mœurs , qu'un poste aussi brillant , et qui demandoit le sacrifice entier de tous les momens de celui qui l'occupoit ; mais il crut devoir ce sacrifice à son pays. L'exécution de son projet le plus chéri , celui de former la précieuse collection dont il vouloit faire jouir le public , y perdit quelques instans ; mais l'Administration générale de la Province , et celle de cette ville en particulier , y trouverent de grands avantages. Les bornes de cette séance ne me permettent pas de dérouler à vos yeux tous les actes de cette double Administration toujours sage , toujours économique , toujours dirigée avec une prudente fermeté. Vous y trouveriez les encouragemens donnés à la publication des ouvrages les plus intéressans , l'Histoire et les Statuts de Provence ; aux inventions les plus utiles , et dont cette ville éprouve plus particuliérement aujourd'hui les heureux effets , les métiers à filer le coton ; au progrès des sciences , par l'établissement d'un Jardin botanique , d'un Laboratoire de chimie , et d'une École vétérinaire (1).

Le premier et le plus utile des arts ne pouvoit échapper à la protection éclairée que M. de Méjanes accordoit à tous. » L'agriculture , j'emprunte ses

_____

(1) Les malheurs des temps n'ont laissé subsister de ces trois derniers , que le souvenir et l'espérance de les voir renaître un jour.

» propres expressions (1) , aussi utile dans l'ordre
» moral que sous les rapports politiques ; l'agricul-
» ture à la suite de qui marchent toujours l'amour
» du travail , les mœurs simples et la frugalité ;
» qui contribue en même temps à la prospérité de
» l'État et au bonheur du citoyen , assure les sub-
» sistances, favorise l'industrie, soutient les manu-
» factures , répand l'aisance dans les différentes
» classes de la société , et fournit au mouvement
» continuel du commerce ». L'agriculture occupa
essentiellement M. de Méjanes , qui fut le fondateur
de la première Société de ce nom , que cette ville
vit établir ; Société qui fut si recommandable par
les talens de ceux qu'il désigna pour en être les
membres , et que nous voyons renaître dans celle
des Amis des sciences , des lettres , de l'agriculture
et des arts , dont l'existence fait déja éprouver à
cette ville les avantages nécessairement attachés à
de pareilles associations.

M. de Méjanes ne put faire à Aix un séjour aussi
long que celui qu'exigea l'Administration qui lui
avoit été confiée , sans reconnaître combien cette
ville étoit digne d'apprécier le dépôt de sa Bibliotheque et d'en profiter. Ses derniers momens furent
consacrés à nous en assurer la jouissance , et à nous

_____

(1) Cahier de l'Assemblée des Communautés, tenue à Lam-
besc en 1777.

en épargner les charges ; à pourvoir aux moyens
d'entretenir et d'augmenter toujours cette belle collection, sans qu'il en coûtât le moindre sacrifice à ceux
qui devoient jouir d'un aussi grand bienfait ; enfin,
à rédiger l'acte de ses dernieres volontés, monument
éternel de la force et de la tranquillité de son ame,
et de sa généreuse sollicitude.

Le malheur des temps et les circonstances ont
diminué l'étendue de ce bienfait sans rien diminuer
de notre reconnoissance ; mais loin de regretter
quelques pertes qui pourront se réparer, félicitons-
nous d'avoir conservé entiere cette magnifique collection, après tant de troubles et de dévastations,
dont l'édifice même qui la contenoit a été le théâtre.
Graces en soient rendues à la sollicitude et à la pru-
dence de l'homme éclairé qui fut chargé de la garde
de ce dépôt, et qui va l'être, de vous en faire jouir.
La mémoire de cet important service est gravée sur
le marbre qui décore cette enceinte, et c'est avec
plaisir que je lui adresse l'expression de la reconnoissance publique.

Cette ville fut frappée plus qu'une autre par les
dévastations dont je ne veux pas retracer la déplo-
rable histoire. Siege de tous les établissemens qu'elle
vit successivement disparoître, elle alloit tomber
dans la classe des Communes les plus ignorées. Un
de ses Administrateurs, ami des lettres et distingué
par son goût pour les beaux-arts, M. Sallier, sut

le premier profiter de l'aurore du siecle de Napoléon,
pour écarter les ruines sous lesquelles étoient ense-
velies, avec les arts libéraux, les principales sources
de notre prospérité ; et l'un de ses premiers soins
fut de nous assurer la possession de cette Bibliotheque.

Le Magistrat qui préside à l'Administration de ce
Département, trop juste pour vouloir enrichir la
ville qui joint à tant d'autres avantages celui de le
posséder, aux dépens de celles qui ont un droit
égal à sa protection, et j'ose dire à sa bienveillance ;
trop éclairé pour ne pas faire consister la gloire de
son Administration dans la prospérité de toutes les
parties qui en dépendent, appuya de tout son crédit
la demande de M. Sallier, et la Bibliotheque fut mise
à la disposition et sous la surveillance du Corps
Municipal d'Aix. Ce premier bienfait, dont nous
sommes redevables à M. le Comte Thibaudeau, n'a
été que le présage de ceux que nous a fait obtenir
sa constante protection.

Cette ville, jadis si florissante, voit renaître tous
les jours les sources de son ancienne splendeur.
Elle va jouir sans crainte de l'établissement des
Cours Impériales, et avec elles de l'assurance de
voir se perpétuer dans son sein ces Orateurs et ces
Jurisconsultes, qui marchent déja sur les traces de
ceux qui furent l'ornement d'un Barreau constamment

célebre. **Elle voit l'Académie** Impériale remplacer **son ancienne Université.** Elle compte au nombre de **ses plus précieux avantages**, celui d'être la résidence **du Magistrat, Membre** du premier Corps de l'État, **et revêtu de l'honorable** et importante mission de faire connoître à S. M. I. et R. les sentimens et les besoins de son peuple. Nous nous félicitons d'y posséder à ce titre, celui qui, long-temps occupé du soin de rétablir la paix intérieure et de la conserver, vient se reposer dans nos murs de ses pénibles travaux, y jouir de cette douce et paisible tranquilité, qui est un des bienfaits de son Administration, et nous donner l'exemple le plus touchant des vertus privées, sans lesquelles il n'exista jamais de véritables vertus publiques.

Nous voyons enfin nos foyers si long-temps déserts, se peupler de nouveaux citoyens qui viennent réparer nos pertes ; et pouvons-nous, aujourd'hui sur-tout, ne pas nous féliciter de compter dans ce nombre les neveux et les héritiers de celui dont je viens de vous retracer les vertus, de vous rappeler les services, et à qui nous devons le bel établissement dont l'ouverture nous a rassemblés.

Un jour viendra, j'ose du moins l'espérer, où les habitans de cette ville ne conserveront le souvenir de l'horrible décadence dont elle a été menacée, que pour bénir la main du Génie tutélaire qui a su retirer la France de l'abyme affreux dans lequel elle s'étoit précipitée , et la porter à ce point de grandeur et de prospérité , qui a déja marqué la place de l'Empereur Napoléon au - dessus de celle des Guerriers les plus fameux , des Législateurs les plus illustres , et des Souverains dont la mémoire est la plus chere à la postérité.

M. le Maire a dit ensuite ,

Il y a quelques instans que M. Pontier , Imprimeur-Libraire de cette ville , m'a fait parvenir un Buste de Peyresc , avec une lettre dont voici la teneur :

MONSIEUR LE MAIRE ,

» Le Buste de Peyresc manquoit à la décoration
» de la riche Bibliotheque qui , par vos soins cons-
» tans et opiniâtres , a été ouverte au public.

» Le marbre transmettra à la postérité le nom
» de Méjanes avec les noms des Administrateurs
» qui sont enfin parvenus à exécuter ses dernieres
» volontés ; et le public verra avec satisfaction ,
» dans le même sanctuaire des lettres , les traits
» fideles d'un des plus savans hommes qui aient
» illustré la Provence , à côté des traits chéris du
» généreux Fondateur de cette Bibliotheque.

» C'est dans cette vue , Monsieur le Maire , que

» j'ai l'honneur de vous présenter le Buste de
» Peyresc.

Je suis avec respect,
Monsieur le Maire,

Votre très - humble serviteur,
PONTIER, Imprimeur-Libraire.

Aix, le 16 novembre 1810.

Il n'est personne qui ne retrouve avec satisfaction
dans cette enceinte, l'image d'un Savant que cette
ville s'honore de compter parmi les hommes qui
l'ont illustrée. En acceptant ce don au nom de la
ville, j'adresse à l'estimable Citoyen qui vient de
nous l'offrir, l'expression de notre reconnaissance.

M. GIBELIN, Bibliothécaire, a pris ensuite la
parole en ces termes :

MESSIEURS,

Après l'intéressant apperçu que vient de vous
présenter, sur la Bibliotheque de Méjanes, l'Admi-
nistrateur aussi vigilant qu'éclairé, à qui le public
en doit l'établissement définitif : après l'hommage
de reconnoissance et de vénération, que doit sur-
tout la ville d'Aix à la mémoire de l'illustre Donateur,
et dont vous venez d'entendre l'éloquente expression ;
il ne me reste qu'à tâcher de vous donner quelque

idée des trésors littéraires et scientifiques qu'elle renferme , en attendant que l'impression du catalogue , auquel j'ai consacré tant de travaux , puisse mettre les amis des lettres en état de satisfaire leur juste curiosité.

Les hommes qui regardent avec raison l'étude de la Religion , comme la premiere et la plus importante , trouveront à puiser ici la plus pure doctrine , dans les diverses éditions des livres saints et des ouvrages divins auxquels ils ont donné naissance , en inspirant les Peres de l'Église et leurs pieux successeurs ; et s'ils veulent connoître les diverses opinions religieuses , qui , dès les premiers siecles du Christianisme , ont divisé les Fideles en tant de sectes et de communions plus ou moins opposées entr'elles , les livres de controverse les plus estimés , dont la collection est ici très-volumineuse , leur fourniront toutes les notions qu'ils peuvent désirer à cet égard.

Mais , s'il est du devoir de tous les hommes , d'acquérir une connoissance suffisante de la Religion , tous ne sont pas appelés à cultiver d'une maniere spéciale cette premiere branche des sciences humaines. Les différens besoins , les diverses professions, chez les peuples civilisés , exigent un grand nombre d'autres études , pour lesquelles la Bibliotheque de Méjanes offre des secours abondans et variés , que peu de personnes auroient les moyens de se procurer ailleurs , à la distance où nous sommes du centre des lumieres et du pouvoir. Où trouver en effet , dans nos contrées méridionales , une collection de livres aussi riche , aussi complette, que celle dont j'ai à vous rendre compte ?...

Je dois citer les premiers , après les livres sacrés , les Auteurs classiques grecs et latins , dans lesquels sont réunis les trésors du génie de l'antiquité. C'est dans cette mine inépuisable , que la jeunesse studieuse trouvera les vrais principes du goût et la base de toutes les notions libérales , qui distinguent l'homme éclairé du sauvage sans culture. Aucune des bonnes éditions de ces livres précieux, sorties des presses des Aldes , des Étiennes , des Plantins , des Elzevirs , des Barbou : aucun de leurs commentateurs les plus estimés , connus sous les titres collectifs de *variorum* et d'*ad usum* , n'avoient échappé au savant Fondateur de la Bibliotheque.

On se tromperoit néanmoins , si l'on pensoit que la beauté tout-à-la-fois sublime et gracieuse des muses de l'antiquité l'avoit rendu insensible aux charmes , peut-être moins durables , mais bien aussi séduisans , de la poésie et de la littérature modernes. De belles éditions des meilleurs ouvrages , soit en vers soit en prose , qui, depuis la renaissance des lettres , ont paru en diverses langues chez tous les peuples civilisés , attestent l'universalité de son goût et de ses connoissances. On voit en effet dans nos
tablettes ,

tablettes , parmi les excellens livres qui ont été publiés dans les plus célebres Universités, les magnifiques éditions des Baskerville , des Tonson , des Foulis , des Ibarra , des Bodoni , lutter avec les chefs-d'œuvres de la typographie française, que les Didot , dans ces derniers temps, ont portée à son plus haut période.

Parmi les innombrables ouvrages de Jurisprudence , qui ont élevé cette premiere des sciences civiles au degré de perfection où elle est parvenue de nos jours , le sage Fondateur s'étoit particuliérement attaché à ceux qui , traitant du droit public , soit de l'Europe , soit des différentes parties de l'Empire Français , étoient d'un plus grand intérêt pour toutes les classes de lecteurs. Un grand nombre de beaux livres sur les principales branches de la législation et de la diplômatique en fournissent la preuve. Les Jurisconsultes y verront avec intérêt la collection complette des Coutumes , qui régirent pendant si long - temps les diverses provinces de l'ancienne France.

Mais l'Histoire , tant ancienne que moderne , générale et particuliere , sacrée et profane , politique et littéraire , civile et militaire , authentique et anecdote : l'Histoire , dis - je , paroît avoir été la partie que l'illustre Méjanes affectionnoit le plus. Elle est très - nombreuse et très - brillante dans sa Bibliotheque ; sans cependant l'avoir empêché d'y

B

joindre tout ce qui avoit paru de meilleur dans les autres branches de la littérature et des sciences.

Ainsi, l'Astronome, le Géometre, le Naturaliste, le Géographe, le Botaniste, le Physicien, le Chymiste, l'Anatomiste, le Médecin, l'Agriculteur, pourront s'instruire ou se rappeler avec fruit leurs connoissances acquises, soit en consultant les meilleurs ouvrages, qu'avoit rassemblés, sur les objets de leurs études, le Fondateur de ce riche dépôt, soit en admirant les superbes collections gravées et coloriées qu'il avoit su former, des objets infiniment variés, que produisent la nature et les arts, dans les différentes régions du globe terrestre.

Les recueils volumineux de voyages, les Atlas, les livres d'Antiquités, les divers Muséums, les Iconographes, les Mémoires de presque toutes les Sociétés savantes de l'Europe, l'Encyclopédie, les différens Dictionnaires, les Polygraphes, les Ouvrages périodiques, les Catalogues, les Mélanges en tout genre, forment encore une grande et importante partie de cette Bibliotheque. Les amateurs des Langues orientales y trouveront même, non-seulement des livres Hébreux, Arabes, Turcs, Arméniens, Malabares ; mais encore des grammaires et des vocabulaires, qui leur en faciliteront l'intelligence.

Si l'homme studieux, qui ne cherche qu'à nourrir son ame, et orner son esprit, doit trouver dans notre

Bibliotheque toutes les ressources propres à remplir ce noble objet, le Bibliophile, guidé par la simple curiosité, ttouvera pareillement à y satisfaire son goût pour les raretés typographiques : pour ces livres, dont la date est quelquefois le seul mérite, et dont quelques-uns pourroient même être beaucoup plus dangereux qu'utiles, si on les lisoit sur la foi de leur vogue et de leur cherté désordonnées. Heureusement, ceux qui les recherchent avec le plus d'ardeur, et qui mettent leur vanité dans ces sortes d'acquisitions, se gardent bien de perdre du temps à cette lecture. Tels sont, par exemple, le fameux livre des *Conformités de St. François*, celui du malheureux Servet *contre la Trinité*, et le petit livre unique, et par conséquent d'un prix extravagant, que nous possédons, intitulé *la Béatitude des chrétiens, ou le Fléo de la foy*. Je ne confonds pas avec ces coûteuses rapsodies, que le sage Méjanes étoit bien éloigné de vouloir trop multiplier, les précieuses éditions du quinzieme siecle, dont la Bibliotheque renferme un assez bon nombre. Indépendamment de leur ancienneté, qui les rend vénérables, ces livres ont presque tous le mérite de l'exactitude, et sont préférables à cet égard à une foule d'éditions modernes, qui ont été plus ou moins mutilées et défigurées par de prétendues corrections.

Enfin, une importante collection de Manuscrits, offre à l'amateur laborieux un champ fertile à ex-

ploiter. La plupart sont relatifs à l'histoire et au droit
public des divers Départements de l'Empire Français, divisé dans le temps où ils ont été rassemblés,
en provinces et en généralités.

Je ne dois point passer sous silence les dons de
livres, que nous avons reçus de quelques amis des
lettres et du bien public. Le plus considérable est
celui dont M. Étienne MICHEL, notre compatriote,
enrichit la Bibliotheque, et qui n'est rien moins que
la magnifique édition qu'il publie du *Traité des
arbres et arbustes de Duhamel* (1). Cet ouvrage,
en immortalisant son auteur, assure à son savant
éditeur les droits les mieux mérités à l'estime et
à la reconnoissance publiques.

L'établissement immortel, que la ville d'Aix doit
à la munificence d'un de ses Administrateurs et au
zele infatigable de quelques-uns de ses successeurs,
ne laisseroit rien à désirer, s'il jouissoit du revenu
annuel, que son généreux Fondateur avoit destiné
à l'entretenir et à l'augmenter à perpétuité, et qui
malheureusement a été englouti dans le gouffre
révolutionnaire. Il nous reste l'espérance, qu'un
Gouvernement juste et libéral, qui n'a voulu suc-
céder aux droits et à l'actif des ci-devant provinces,

_____

(1) La Bibliotheque d'Aix a déja reçu gratuitement, de la
part de M. Étienne Michel, 49 livraisons du *Traité des arbres
et arbustes*, dont chacune coûte neuf francs aux souscripteurs.

qu'en s'imposant l'obligation d'en acquitter les charges , et qui déja nous a fait part de quelques-uns des bons ouvrages que chaque jour voit sortir des presses impériales , daignera joindre à la continuation de ce bienfait , la réintégration des rentes , qui formoient la dot de la Bibliotheque de Méjanes , et sans lesquelles il est impossible de combler l'immense lacune que vingt-cinq années de viduité y ont nécessairement introduite.

Puisse l'illustre Sénateur , que nous avons l'avantage de posséder dans nos murs , et qui daigne m'entendre , s'intéresser assez au succès de cet établissement , pour faire parvenir aux pieds du Trône nos justes réclamations , avec les vœux ardens , que nous ne cesserons jamais d'adresser au ciel , pour la conservation du plus grand des Monarques , et de l'auguste Compagne qui , partageant désormais ses glorieuses destinées , nous en assure la perpétuité !

La Séance a été terminée par la publication du Réglement , et l'annonce qu'à compter de mardi 20 du courant , la Bibliotheque seroit ouverte au public les mardi , mercredi, jeudi et vendredi de chaque semaine , depuis le 1.er novembre jusques au 31 juillet de chaque année , et depuis dix heures du matin jusques à deux.

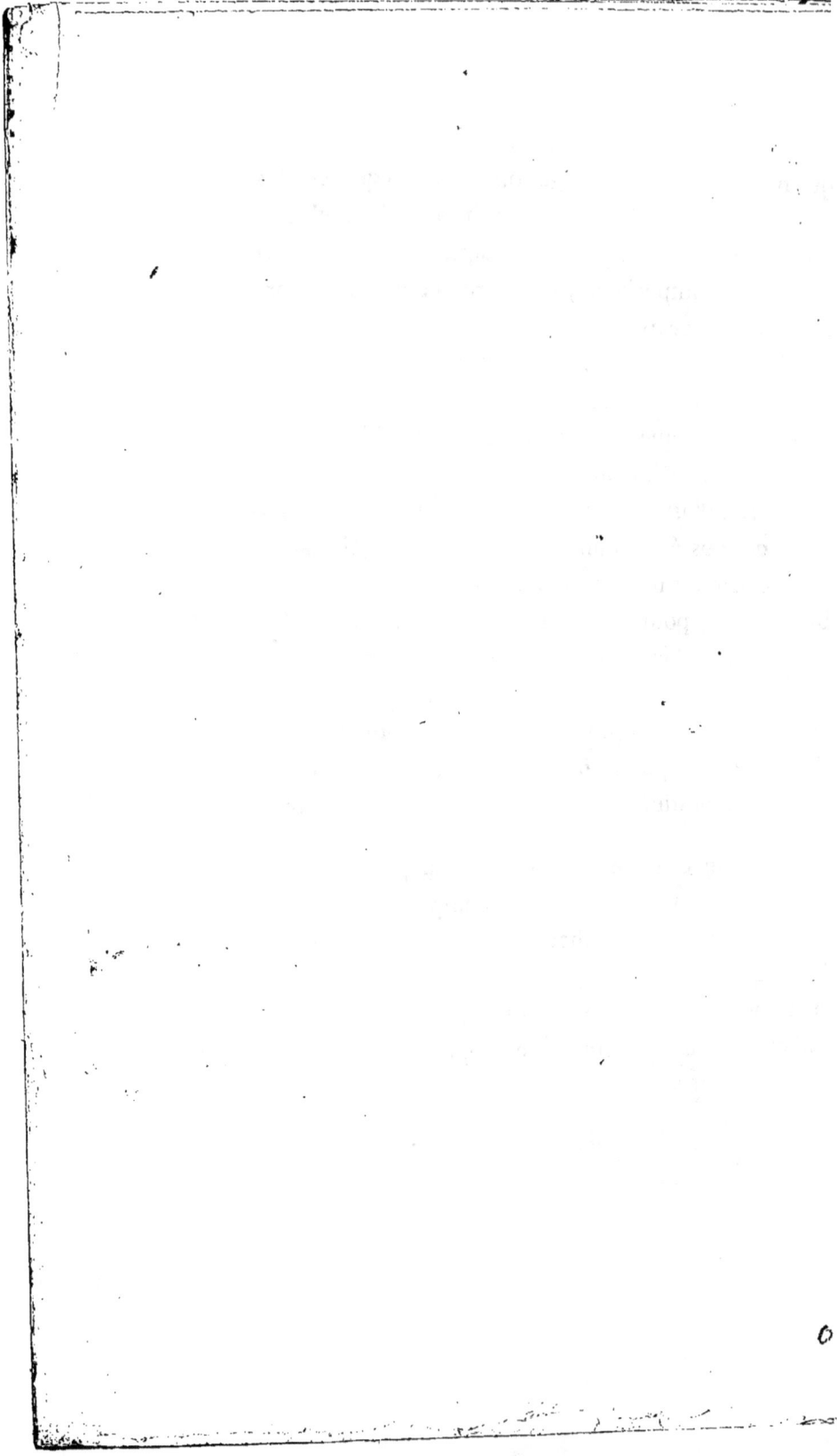

O

www.ingramcontent.com/pod-product-compliance
Lightning Source LLC
Chambersburg PA
CBHW070754280326
41934CB00011B/2928